E. LELONG

Loi ou Décret ?

L'ARTICLE 45 DE LA LOI DU 10 AOUT 1871

ET

LES DROITS DES ARCHIVISTES-PALÉOGRAPHES

Extrait de la *Correspondance historique et archéologique*
(Année 1906.)

PARIS
IMPRIMERIE H. BOUILLANT
28, rue Serpente (Hôtel des Sociétés Savantes)
MAISON PRINCIPALE A SAINT-DENIS

1906

Loi ou Décret ?

L'ARTICLE 45 DE LA LOI DU 10 AOUT 1871

ET

LES DROITS DES ARCHIVISTES-PALÉOGRAPHES

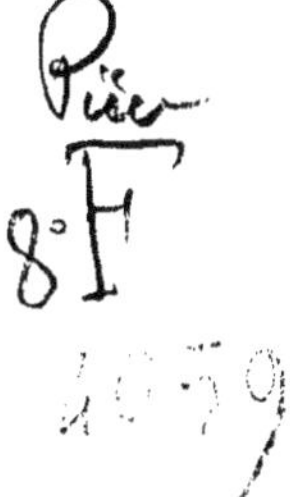

E. LELONG

oi ou Décret ?

L'ARTICLE 45 DE LA LOI DU 10 AOUT 1871

ET

LES DROITS DES ARCHIVISTES-PALÉOGRAPHES

Extrait de la *Correspondance historique et archéologique*
(Année 1906.)

PARIS
IMPRIMERIE H. BOUILLANT
28, rue Serpente (Hôtel des Sociétés Savantes)
MAISON PRINCIPALE A SAINT-DENIS

1906

Loi ou Décret?

L'ARTICLE 45 DE LA LOI DU 10 AOUT 1871

ET

LES DROITS DES ARCHIVISTES-PALÉOGRAPHES

La Sous-commission chargée d'examiner les modifications qu'il pourrait y avoir lieu d'apporter à l'organisation des archives vient de terminer ses travaux. Elle a adopté une série de dispositions dont les unes ont pris place dans un projet de loi, les autres dans un projet de décret, qui doivent l'un et l'autre être soumis très prochainement à l'examen d'une réunion plénière des membres de la Commission extraparlementaire des Bibliothèques et des Archives. Au nombre des dispositions insérées dans le projet de décret, il en est une qui abroge le dernier paragraphe de l'article 45 de la loi du 10 août 1871, lequel réserve aux anciens élèves de l'École des Chartes les emplois d'archiviste de département, pour y substituer un mode nouveau de recrutement de ces fonctionnaires.

Le système auquel s'est ralliée la majorité de la Sous-commission était connu depuis plusieurs mois déjà. Il a fait, en divers journaux ou revues, l'objet d'appréciations divergentes. Il n'entre pas dans mon dessein de l'examiner au fond. Je voudrais seulement présenter quelques observations sur la légitimité du procédé, assez imprévu, auquel la Sous-commission propose de recourir pour réaliser le changement qu'elle entend apporter au mode actuel de recrutement des archivistes départementaux.

C'est un article de loi, l'article 45, §4, de la loi du 10 août 1871, relative aux conseils généraux, qui reconnaît aux anciens élèves de l'École des Chartes le droit d'être nommés, de préférence à tous autres candidats, aux postes vacants d'archiviste de département. Le projet délibéré par la Sous-commission propose de retirer par simple décret aux archivistes-paléographes un droit que ceux-ci s'imaginaient tenir d'un article de loi et ne pouvoir par suite se voir enlever que par une loi.

Le procédé auquel la Sous-commission propose d'avoir recours est-il régulier ? Est-il conforme aux principes de notre droit constitutionnel ? Telle est l'unique question que j'entends examiner.

Pour la résoudre, il importe, avant d'entrer dans la discussion des textes, d'indiquer avec précision quel est, en ce qui concerne les conditions d'aptitude aux fonctions d'archiviste de département et le mode de nomination à ces emplois, l'état actuel de la législation. Le simple exposé chronologique des phases qu'a traversées à cet égard notre organisation administrative nous acheminera d'ailleurs vers la solution de la question en litige.

I

Les archives départementales sont une création de la Révolution. Réunis d'abord aux chefs-lieux de district, les documents provenant des administrations et des juridictions de l'ancien régime, grossis bientôt des fonds des établissements ecclésiastiques et des papiers des émigrés, furent concentrés, en exécution de la loi du 5 brumaire an V, aux chefs-lieux de département. Depuis cette époque, les dépôts départementaux se sont accrus des documents de la période révolutionnaire et des versements périodiques des bureaux des préfectures et de ceux de diverses administrations publiques.

C'est au début de la Restauration, à la veille de la création de l'École des Chartes, que l'on se préoccupa pour la première fois d'introduire quelque ordre dans l'amas confus des documents de tout âge qui composaient les archives des départements. Une circulaire de M. Laîné, ministre de l'Intérieur, en date du 28 avril 1817, prescrivit de diviser les documents des archives en quatre groupes, correspondant « aux quatre époques principales de l'administration publique en France ». Pour assurer « l'exécution du travail de classement et la formation des répertoires », le ministre invitait les préfets à prélever, à partir du 1er mai, sur leur fonds d'abonnement, la somme nécessaire pour salarier convenablement un commis aux archives « versé dans la connaissance des chartes, titres et papiers de l'administration », et, suivant l'importance du dépôt, un ou deux employés auxiliaires.

Cette circulaire produisit peu d'effet, et les travaux de classement et d'inventaire des archives ne furent entrepris sérieusement qu'après que la loi du 10 mai 1838 eut mis à la charge des budgets départementaux « les frais de garde et de conservation des archives des départements », en les inscrivant au nombre des dépenses obligatoires de ces budgets.

La circulaire adressée aux préfets le 8 août 1839 par M. Duchâtel, ministre de l'Intérieur, pour la mise à exécution de la loi de 1838, renfermait sous le titre : « Choix des archivistes » un paragraphe dans lequel, après avoir reconnu que l'on pouvait confier à un employé suffisamment versé dans la connaissance des matières administratives le soin des archives ne renfermant que des dossiers modernes, le ministre poursuivait en ces termes : « Quant aux archives qui possèdent un grand nombre de papiers et de titres anciens, des documents de différents âges, elles ont besoin, pour mettre dans leur véritable jour les richesses qu'elles renferment, d'un homme versé dans l'étude des chartes et des anciens monuments; il leur faut un archiviste-paléographe. Ici vous pouvez rencontrer des difficultés pour faire un choix convenable. S'il en est ainsi, je vous invite à m'en référer; l'École des Chartes établie près de la Bibliothèque royale à Paris, et les comités historiques institués près du Ministère de l'instruction publique sont des pépinières où nous sommes certains de trouver des candidats offrant toutes les garanties désirables. Dans tous les cas, je me réserve, M. le Préfet, d'approuver le choix que vous aurez fait d'un archiviste pour votre département. »

Ce qui n'était que de conseil dans la circulaire de 1839 devint règle de droit en vertu de l'ordonnance qui, le 31 décembre 1846, sur le rapport du même M. Duchâtel et de M. de Salvandy, réorganisait l'École des Chartes. L'article 19, — toujours en vigueur, — de l'ordonnance de 1846 dispose que « le diplôme d'archiviste-paléographe donne droit... aux fonctions d'archiviste des départements. » (1)

Par l'ordonnance de 1846, le choix du préfet se trouva donc

(1) Il donne droit également, d'après le même article, à celles d'employé dans les bibliothèques publiques de l'État, mais seulement dans la proportion d'une place sur trois vacantes.

limité en cas de candidature d'un ancien élève de l'École des Chartes, mais si aucune candidature d'archiviste-paléographe ne s'était produite, le préfet conservait, après comme avant l'ordonnance, l'entière liberté de son choix, sous réserve de l'approbation du ministre de l'Intérieur.

Cet état de choses a été modifié par le décret du 4 février 1850. L'article premier de ce décret distingue les deux hypothèses que nous venons d'indiquer :

1° Y a-t-il, parmi les candidats, d'anciens élèves diplômés de l'École des Chartes, le choix du préfet doit se porter nécessairement sur l'un d'entre eux. A cet égard, le décret de 1850 n'innove pas. Comme le faisait remarquer le ministre de l'Intérieur, M. Baroche, dans ses « Instructions pour la nomination des archivistes départementaux », en date du 10 juillet 1850, le décret, sur ce point, tend uniquement « à assurer l'exécution de l'ordonnance du 31 décembre 1846, relative à l'organisation de l'École des Chartes, en réservant les places d'archivistes des départements aux jeunes gens sortis de cette École avec le diplôme d'archiviste-paléographe ».

2° Ne s'est-il produit, à l'emploi vacant, aucune candidature d'élève de l'École des Chartes, le décret de 1850 vient limiter la liberté, jusqu'ici entière, du préfet, en obligeant celui-ci à choisir l'archiviste de son département « parmi les personnes qui auront reçu un certificat d'aptitude délivré, après examen, par une commission que le ministre de l'Intérieur est chargé d'organiser ». Les « Instructions » précitées du 10 juillet 1850 règlent de quelle façon l'examen sera subi devant la Commission des Archives et en font connaître le programme détaillé.

Deux ans plus tard, le décret du 25 mars 1852, sans modifier les conditions d'aptitude, confirmait le préfet dans le droit de nommer l'archiviste, en le dispensant de la nécessité de soumettre l'arrêté de nomination à l'approbation du ministre.

Le régime établi par l'ordonnance de 1846, complétée par le décret de 1850, s'est maintenu sans changement jusqu'au vote de la loi du 10 août 1871. La loi du 18 juillet 1866, qui avait fait sortir les dépenses d'archives de la catégorie des dépenses obligatoires pour les départements, n'avait eu aucune répercussion sur les conditions de nomination des archivistes. Un conseil général pouvait bien, depuis cette loi, ne plus voter le traitement d'un archiviste, mais, une fois le traitement voté, la nomination devait être faite par le préfet dans les conditions déterminées par le décret de 1850.

La loi du 10 août 1871 a laissé aux dépenses d'archives le caractère facultatif que leur avait restitué la loi de 1866. Elle a laissé également aux préfets le droit de nommer les archivistes; mais, en ce qui concerne les conditions de cette nomination, elle a organisé un régime qui diffère du régime en vigueur depuis 1850. Ce régime est maintenu par la loi nouvelle dans la première des hypothèses que nous avons indiquées; il est remplacé dans la seconde, celle où il ne se présente pas de candidat sortant de l'École des Chartes, par un système de nomination qui n'est ni le régime du libre choix du préfet pratiqué jusqu'en 1850, ni celui du certificat d'aptitude délivré depuis 1850 par une commission ministérielle.

Le système voté en 1871 est celui qui est actuellement en vigueur pour la nomination des archivistes départementaux. Il est donc nécessaire d'en bien saisir le fonctionnement.

Loi de décentralisation, la loi du 10 août 1871 pose, dans le 3e paragraphe de son article 45, un principe général et absolu : « Le Conseil général détermine les conditions auxquelles seront tenus de satisfaire les candidats aux fonctions rétribuées exclusivement sur les fonds départementaux, et les règles des concours d'après lesquelles les nominations devront être faites. »

A ce principe il n'est apporté qu'une seule exception : elle est écrite dans le paragraphe 4 du même article 45. Ce paragraphe constitue une disposition additionnelle, proposée au cours de la délibération et votée après un long débat, malgré l'opposition de la Commission qui se refusait à laisser restreindre, si peu que ce fût, les droits qu'elle entendait reconnaître aux conseils généraux. Ce paragraphe est ainsi rédigé : « Sont maintenus néanmoins les droits des archivistes-paléographes tels qu'ils sont réglés par le décret du 4 février 1850. »

Aux termes des paragraphes 3 et 4 de l'article 45 de la loi du 10 août 1871, les conditions de nomination des archivistes départementaux sont donc aujourd'hui les suivantes :

1° Les conditions de la nomination de l'archiviste du département ou les règles du concours pour cet emploi sont déterminées par le Conseil général.

2° Toutefois, s'il se produit à l'emploi vacant d'archiviste départemental une candidature d'archiviste-paléographe, cette candidature doit être préférée à celle d'un candidat qui n'est pas muni du diplôme de l'École des Chartes.

Dans un cas comme dans l'autre, la nomination est faite d'ailleurs par le préfet seul, sans nécessité de l'approbation ministérielle. Le préfet informe seulement le ministre de la vacance, et celui-ci adresse au préfet la liste des candidats, anciens élèves de l'École des Chartes, qui se sont fait inscrire sur un registre ouvert au secrétariat des Archives nationales en vue des vacances d'emplois d'archiviste.

II

Le mode actuel de recrutement des archivistes départementaux, tel que nous venons de le faire connaître, peut-il, en ce qui concerne les conditions de nomination déterminées par les paragraphes 3 et 4 de l'article 45 de la loi du 10 août 1871, être modifié autrement que par une loi?

Le Sous-commission des Archives le pense. Elle a rédigé un projet de décret dont les articles 9, 10 et 11 remplacent le régime résultant de l'article 45 de la loi de 1871 par un régime nouveau. La pièce maîtresse de ce système consiste dans l'institution d'un certificat d'aptitude aux fonctions d'archiviste. Ce certificat serait délivré par une commission spéciale désignée par le ministre et devrait être postulé, sous certaines conditions préalables de stage et de grades scientifiques, par tous les candidats, y compris les archivistes-paléographes, dont le diplôme n'aurait plus désormais, pour l'exercice des fonctions d'archiviste, aucune vertu particulière. Aucun renseignement n'est d'ailleurs fourni sur les matières qui devraient figurer au programme de l'examen.

Pour demander à un simple décret la transformation d'un état de choses réglé par une loi, on a développé devant la Sous-commission les deux arguments suivants :

1° On a dit d'abord que la mention faite dans une loi d'un article de décret ne suffisait pas à modifier le caractère originaire de la disposition visée, et que, par suite, le simple renvoi que fait au décret du 4 février 1850 l'article 45 de la loi du 10 août 1871 ne saurait conférer à ce texte la valeur législative qu'il n'avait pas au jour où il a été promulgué;

2° On ajoute que le seul but de ce visa a été de maintenir

au pouvoir exécutif le droit de réglementer, au mieux des intérêts du service, le fonctionnement des archives départementales et le mode de recrutement des fonctionnaires de ce service.

Examinons quelle est la valeur de ees deux arguments.

III

Il n'y a pas lieu, pour répondre au premier, d'instituer une discussion de principes. L'on peut concéder que le fait qu'un article de décret se trouvera incidemment mentionné dans un article de loi ne confèrera pas nécessairement à la disposition réglementaire visée le caractère législatif. Ce sera une question d'espèce et d'interprétation de l'intention du législateur. Le renvoi a-t-il un caractère purement énonciatif, le texte visé pourra fort bien ne recevoir, du fait du visa, aucune force nouvelle. La mention a-t-elle, au contraire, un caractère dispositif, elle équivaudra à l'insertion, dans la loi, du texte réglementaire qui, par la volonté du législateur, fera désormais corps avec celle-ci. Or, à lire sans prévention les termes du paragraphe 4 de l'article 45, il paraît bien difficile de se refuser à reconnaître le caractère dispositif à une rédaction qui reproduit le mot essentiel du décret de 1850 : « Sont maintenus les *droits* des archivistes-paléographes... »

La preuve d'ailleurs, la preuve irréfragable du caractère dispositif, impératif, du renvoi, lequel équivaut à une transcription littérale, dans le texte de la loi, de la partie conservée du décret de 1850, c'est que, sans cette incorporation à la loi, cette disposition n'existerait plus. A la suite du vote du paragraphe 3 de l'article 45 de la loi, le décret tout entier se trouvait abrogé. L'adoption de la disposition additionnelle qui est devenue le paragraphe 4 de l'article en a sauvé une partie, mais ce qui subsiste du décret a, du fait de ce vote, subi une sorte de novation qui en a modifié le caractère originaire et lui a donné une force nouvelle. Anéanti comme article de décret, le droit des archivistes-paléographes est ressuscité à l'état d'article de loi.

Et il faut bien qu'il en soit ainsi, et que l'exception du paragraphe 4 de l'article 45 constitue une disposition de loi, car comment pourrait-elle autrement faire échec à la loi et paralyser la règle générale écrite dans le paragraphe 3?

Quant à dire que le seul but du rappel *in parte qua* du décret de 1850 dans la loi de 1871 a été de laisser à l'Administration le droit de réglementer dans l'avenir, au mieux des intérêts du service, le mode de recrutement des archivistes départementaux, c'est une affirmation qui est bien faite pour étonner. Si telle avait été l'intention du législateur, c'est le décret tout entier qu'il eût dû maintenir : or il n'en a laissé subsister qu'une branche. Il serait d'ailleurs bizarre que l'approbation partielle donnée en 1871 au régime établi en 1850 puisse avoir pour conséquence d'investir l'Administration d'une sorte de blanc-seing à l'effet de modifier ce régime quand bon lui semblera, et que la formule : « Sont maintenus les droits des archivistes-paléographes... » doive se traduire, comme on nous y convie, par celle-ci : « Pourront être supprimés les droits des archivistes-paléographes... »

Sommes-nous cependant dupes d'une sorte de mirage, et la discussion de la loi de 1871 établirait-elle que, contrairement au sens naturel des mots, l'intention du législateur a bien été celle que lui prête la Sous-commission? Reportons-nous, au *Journal officiel* des 4 et 8 août 1871, à la discussion de l'article 45. Lisons les débats... Notre lecture terminée, force nous sera bien de constater qu'à aucun moment, aucun des orateurs ne s'est préoccupé, comme on nous l'affirme, de réserver pour l'avenir les droits du pouvoir exécutif, et que, tout au contraire, adversaires comme partisans de la formule qui a fini par triompher aussi bien que de celle qu'on lui opposait ont entendu déterminer dans la loi même, à titre légal et définitif, les conditions du recrutement des archivistes départementaux.

C'est ce qu'un résumé, aussi sommaire que possible, d'une discussion qui n'occupe pas moins de douze colonnes du *Journal officiel*, mettra, croyons-nous, en pleine lumière.

IV

Après le vote des deux premiers paragraphes de l'article 45, relatifs à la nomination et à la révocation des titulaires de bourses départementales, la discussion s'engage, le 3 août, sur le paragraphe 3 du projet de la Commission qui conférait au Conseil général un droit absolu relativement à la détermination des conditions à exiger des candidats aux emplois rétribués exclusivement sur les fonds départementaux : agent voyer, architecte, archiviste, inspecteur des enfants assistés.

Un amendement avait été déposé, qui tendait à réserver au ministre de l'Intérieur la nomination des agents voyers d'après les résultats d'un concours dont les conditions seraient fixées par un arrêté du Chef du pouvoir exécutif. Cet amendement fut rejeté par l'Assemblée nationale, mais incidemment, au cours de la discussion, certaines craintes se firent jour au sujet du mode de nomination d'une autre catégorie de fonctionnaires départementaux, les archivistes.

Ce fut un ancien élève de l'École des Chartes, M. Louis Passy, qui, en quelques mots spirituels, fit part à l'Assemblée des inquiétudes que lui causait le paragraphe en discussion. Il venait de s'apercevoir qu'il y était « personnellement compromis ». Les temps sont durs, l'avenir incertain, les députés ne sont point assurés d'être indéfiniment réélus, tel est le langage que tint en substance le futur président d'âge de la législature de 1906, et il conclut en demandant à l'Assemblée de ne le point priver « d'un droit conquis par trois années d'études, par un diplôme en règle et garanti par une ordonnance royale » — celle du 31 décembre 1846 — « qui lui réservait sans concours la place d'archiviste de département ».

« Cela a de l'intérêt au point de vue de la conservation de l'École des Chartes », interrompt M. de Marcère.

Et, sur cette interruption, la discussion rebondit. M. Audren de Kerdrel, M. Gaslonde, M. Martial Delpit demandent que, dans l'intérêt du recrutement de l'École des Chartes, dans celui aussi de la bonne tenue des archives, menacées, dit l'un d'eux, de retomber dans le « chaos » dont quelques bons élèves de l'École viennent à peine de les faire sortir, on insère au paragraphe qui proclame les droits du Conseil général quant à la détermination des conditions de nomination des fonctionnaires départementaux une réserve maintenant les droits conférés aux archivistes-paléographes par l'ordonnance du 31 décembre 1846. La rédaction suivante est proposée par M. de Kerdrel : « Sont réservés néanmoins les droits des élèves de l'École des Chartes aux fonctions d'archivistes départementaux ». Cette disposition additionnelle est prise en considération et renvoyée à la Commission.

La discussion reprend le 7 août. Deux rédactions sont en présence. La Commission propose celle-ci : « Néanmoins, les élèves de l'École des Chartes qui ont obtenu le diplôme d'archiviste-paléographe *peuvent* être nommés archivistes de département hors concours et sans examen. » A cette formule M. de Kerdrel en oppose une autre, plus favorable aux élèves de l'École des

Chartes : « Sont maintenus néanmoins les *droits* des archivistes-paléographes tels qu'ils sont réglés par le décret du 19 [4] février 1850 ».

M. Jules Simon, ministre de l'Instruction publique, monte à la tribune pour appuyer la rédaction de M. de Kerdrel, qui lui paraît « absolument nécessaire à la prospérité de l'École des Chartes ».

M. Alfred Giraud. — « Et à son existence ! »

M. le Ministre. — « Oui, et même à son existence. »

Et M. Jules Simon développe une série d'arguments qu'il ne serait peut-être pas inutile de remettre aujourd'hui sous les yeux de ceux qui, après trente-cinq ans, sont appelés à délibérer à nouveau sur la même question.

C'est M. Waddington, rapporteur du projet de loi, qui vient répondre au Ministre. En sa qualité de membre de l'Académie des inscriptions, « qui exerce une sorte de patronage sur l'École des Chartes et est chargée de délivrer les brevets d'archiviste-paléographe », il ne veut « ni contester ni amoindrir en aucune façon les éloges que le Ministre vient d'adresser à cette École », mais à l'heure qu'il est la question est plus haute : « Il s'agit de la liberté du Conseil général »... « Ce que nous ne voulons pas admettre, c'est le monopole en faveur d'une École. Nous avons repoussé le monopole quand il s'agissait des ingénieurs des ponts et chaussées, nous ne pouvons pas l'admettre pour une école quelconque. »

Après une nouvelle intervention de M. de Kerdrel et un discours de M. Ganivet, qui estime que le traitement de l'archiviste n'étant plus obligatoire pour le Conseil général depuis 1866, l'article additionnel de la Commission et l'amendement Kerdrel sont également inutiles, la discussion est close.

M. le Président. — « Je mets aux voix l'amendement de M. de Kerdrel. »

M. le Rapporteur. — « Que la Commission repousse. »

M. le Ministre de l'Instruction publique. — « Que le Gouvernement appuie, et qu'il appuie de toute son énergie. » (*Très bien!*)

« L'amendement est mis aux voix et adopté. »

V

La question avait été nettement posée par le rapporteur de la loi. L'Assemblée était mise en demeure de choisir entre le maintien dans la loi du privilège des anciens élèves de l'École des Chartes et la suppression de ce privilège. C'est sur ce point, et sur ce point seulement, que le débat a porté. Il a été tranché, contrairement à l'avis de la Commission, en faveur des archivistes-paléographes : le vote leur est acquis. Si le privilège avait été aboli par la loi, il ne pourrait être question aujourd'hui de le rétablir par décret. Maintenu par la loi, il ne peut être aboli par décret.

La Sous-commission aura beau faire remarquer que certains orateurs ont employé des expressions impropres, qu'ils ont qualifié parfois de « loi » ou de « décret-loi » ce qui n'était en réalité qu'un décret, qu'importe, si, à aucun moment du débat, aucun doute n'a jamais existé pour personne sur le sens, sur la portée, ni même sur les termes de la disposition dont les uns réclamaient l'abrogation, dont les autres demandaient le maintien et l'insertion dans la loi ?

Le système que nous combattons appelle une dernière observation. Si la rédaction de M. Waddington, qui retirait aux archivistes-paléographes un *droit*, mais qui, à titre transactionnel, leur reconnaissait du moins une *faculté*, avait été adoptée, nul doute que cette disposition, qui ne se référait à aucun texte antérieur, ne pourrait être abrogée autrement que par une loi. La loi votée leur a accordé le *droit* qu'on leur refusait et, du même coup, elle aurait permis de le leur retirer par simple décret. Une pareille conséquence juge un système.

VI

L'abrogation, par décret, du droit qui appartient depuis 1846 aux anciens élèves de l'École des Chartes, à supposer qu'elle fût possible et que le décret d'abrogation pût échapper à la censure du Conseil d'État, ne conduirait pas d'ailleurs les auteurs du projet au but qu'ils se proposent d'atteindre, à savoir à donner une valeur légale et obligatoire au certificat d'aptitude qu'ils entendent substituer aux conditions de nomination exigées actuellement des candidats à l'emploi d'archiviste départemental. La Sous-commission aurait détruit : elle n'aurait rien édifié.

parce que la loi lui défend de rien édifier. C'est ce qu'il est facile de faire voir.

Un certificat analogue à celui qui est proposé aujourd'hui avait été créé, à titre subsidiaire, par la seconde disposition de l'article 1er du décret du 4 février 1850; à défaut d'élève sortant de l'École des Chartes, ce certificat était exigé des candidats aux fonctions d'archiviste départemental. L'article 45 du projet de loi avait précisément pour but, comme l'a expliqué M. Waddington, de supprimer les restrictions apportées par les lois ou règlements antérieurs à la « liberté du Conseil général ». Retirant son effet au diplôme d'archiviste-paléographe, tout en en reconnaissant la valeur, la Commission pouvait moins encore songer à imposer aux Conseils généraux l'autorité d'un simple certificat de capacité. Aussi, l'article 45 supprimait-il d'une façon absolue, pour les emplois exclusivement départementaux, tout monopole, tout privilège, tout droit exclusif venant restreindre à un degré quelconque les droits du Conseil général. Du même coup, et très logiquement, il écartait à la fois les ingénieurs des ponts et chaussées, les archivistes-paléographes et les titulaires de certificats d'aptitude. Au cours de la discussion de cet article, un amendement relatif au mode de recrutement des agents voyers fut repoussé; un autre, proposé dans l'intérêt des archivistes-paléographes, fut voté; aucune voix ne réclama en faveur du certificat d'aptitude. Le droit souverain du Conseil général, inscrit dans le paragraphe 3 de l'article 45, ne comporte donc aujourd'hui d'autre restriction que celle résultant, au profit des anciens élèves de l'École des Chartes, du vote de la disposition additionnelle qui est devenue le paragraphe 4 de l'article 45. Ce paragraphe une fois supprimé, le Conseil général recouvrerait tous ses droits. Par suite, le certificat d'aptitude dont la Sous-commission propose la création, ou plutôt le rétablissement, n'aurait pour les Conseils généraux, en l'état de la législation, d'autre valeur que celle qu'il leur conviendrait de lui reconnaître.

La Commission extraparlementaire des Bibliothèques et Archives pensera peut-être qu'il est assez inutile de se mettre martel en tête pour organiser un examen en vue de la délivrance d'un nouveau diplôme que la loi elle-même frapperait d'inefficacité le jour même de sa naissance.

SAINT-DENIS. — IMPRIM. H. BOUILLANT, 20, RUE DE PARIS. — 16.450

www.ingramcontent.com/pod-product-compliance
Lightning Source LLC
LaVergne TN
LVHW020509230826
846091LV00008BA/3430

9782019285463